Meditación

Técnicas Simples De Meditación Para Eliminar La Depresión

(Aprenda como meditar para obtener la paz interior y felicidad)

Alem Vaca

Publicado Por Daniel Heath

© **Alem Vaca**

Todos los derechos reservados

Meditación: Técnicas Simples De Meditación Para Eliminar La Depresión (Aprenda como meditar para obtener la paz interior y felicidad)

ISBN 978-1-989808-52-8

Este documento está orientado a proporcionar información exacta y confiable con respecto al tema y asunto que trata. La publicación se vende con la idea de que el editor no esté obligado a prestar contabilidad, permitida oficialmente, u otros servicios cualificados. Si se necesita asesoramiento, legal o profesional, debería solicitar a una persona con experiencia en la profesión.

Desde una Declaración de Principios aceptada y aprobada tanto por un comité de la American Bar Association (el Colegio de Abogados de Estados Unidos) como por un comité de editores y asociaciones.

No se permite la reproducción, duplicado o transmisión de cualquier parte de este documento en cualquier medio electrónico o formato impreso. Se prohíbe de forma estricta la grabación de esta publicación así como tampoco se permite cualquier almacenamiento de este documento sin permiso escrito del editor. Todos los derechos reservados.

Se establece que la información que contiene este documento es veraz y coherente, ya que cualquier responsabilidad, en términos de falta de atención o de otro tipo, por el uso o abuso de cualquier política, proceso o dirección contenida en este documento será responsabilidad exclusiva y absoluta del lector receptor. Bajo ninguna circunstancia se hará responsable o culpable de forma legal al editor por cualquier reparación, daños o pérdida monetaria debido a la información aquí contenida, ya sea de forma directa o indirectamente.

Los respectivos autores son propietarios de todos los derechos de autor que no están en posesión del editor.

La información aquí contenida se ofrece únicamente con fines informativos y, como tal, es universal. La presentación de la información se realiza sin contrato ni ningún tipo de garantía.

Las marcas registradas utilizadas son sin ningún tipo de consentimiento y la publicación de la marca registrada es sin el permiso o respaldo del propietario de esta. Todas las marcas registradas y demás marcas incluidas en este libro son solo para fines de aclaración y son propiedad de los mismos propietarios, no están afiliadas a este documento.

TABLA DE CONTENIDO

Parte 1 1
Introducción 2
Precauciones Especiales *3*
Capítulo 1: ¿Qué Es La Meditación? 5
Beneficios De La Meditación *6*
Capítulo 2: Componentes Importantes De La Meditación 13
La Posición De Loto *17*
La Posición De Medio Loto *18*
Ejercicio De Relajación Física *19*
Objetivo De La Meditación *20*
Capítulo 3: ¿Cómo Meditar? 22
Cultivandoatención Plena *23*
Sintiendo Un Objetivo *24*
Deteniendo Y Sintiendo *25*
Meditacióncaminando *25*
Auto-Comentar *26*
Repaso Diario *26*
Meditación Respirando *27*
Meditación Con Latidos Del Corazón *29*

Usando Objetos *30*
Meditación Musical *31*
Resolver Problemas Con La Meditación .. *31*
Lidiar Con Sentimientos 'Angustiosos' *33*
Ejercicio De Desapego *34*
Motivando El Éxito *35*
Enfocarte En Una Idea *36*
Relajación Mental *37*
Meditación En Movimiento *38*
Ejercicio De Ver Pensamientos *39*
Ejercicio Conociendo Al Conocedor *40*
Trabajandocon Zen Koans *41*

Capítulo 4: Solucionar Problemas De Meditación 43

Encontrar Tiempo Para Meditar *43*
Actitudes Útiles Para La Meditación *45*
Ejercicio Para Eliminar La Incomodidad Y Las Distracciones *50*

Conclusión –Después De Meditar 53

Parte 2 55

Capítulo 1 56

Introducción: Historia De Meditación 56

Capítulo 2 61

La Conexión Entre Mente, Cuerpo Y Alma 61

Capítulo 3 67

Necesidad De Meditación 67

Capítulo 4 72

Metas Personales Para Meditar 72

Capítulo 5 76

Preparándote Para Meditar 76

Capítulo 6 82

Obstáculos Comunes En Meditación 82

Capítulo 7 87

Posturas De Medición 87

Capítulo 8 92

Elementos Y Tipos De Meditación 92

Capítulo 9 96

Dándote Cuenta De Los Beneficios De La Meditación 96

Capítulo 10 102

Haciendo De La Meditación Una Práctica Diaria 102

Conclusión..108

Parte 1

Introducción

Quiero agradecerte y felicitarte por descargar el libro.

En la incapacidad de una persona para usar bien su mente se pueden trazar, para mencionar algunos de los productos de una mente mal manejada, frustraciones, desilusiones, malas decisiones. La meditación le devuelve a la persona su posiciónlegítima de propietarioy maestro de su mente. Con la mente bajo control, una personaencuentra más fácil superar obstáculosy estardonde quiera estar.

La meditación no es magia. Meditar solo podría no 'atraer' o 'manifestar' tus deseos enla realidad. Sin embargo, va a transformartu maquillajepsicológico de manera que tú mismo (y no alguna fuerza misteriosa) hagas suceder cambios positivos.

Este libro es para personas como tú que quieren meditar porque saben que es bueno para sí mismos.Este tiene lo que necesitas para entender la práctica y realizarla correctamente e incluye simples ejercicios que describen sus varias aplicaciones. Conociéndolas, tú puedes crear tu propio ejercicio meditativo si eso quieres.

Beneficios principalesque obtendrás de este libro:

Entender qué es y qué no es la meditación
Saber cómo te beneficiarás del meditar
Conocer los componentes importantes de la meditación
Saber cómo superar los retos de la meditación
Obtener instrucciones de cómo aplicar la meditación en cualquier área de tu vida

Precauciones Especiales

Si actualmente estás acudiendo a un terapeuta, consúltale antes de comenzar a meditar.No dejes que la meditación tome el lugar del tratamiento médico. Meditarpuede incrementar la habilidad de tu cuerpo y de tu mente para cuidarse a sí mismo, pero podría no curar por completo enfermedades físicas o mentales por su cuenta. Permite que la meditación ayude más no que sustituya la intervención médica. Recuerda que este libro es sólo una guía. Yo no soy legalmente responsable; busca atención médica profesional antes de aplicar cualquiera de las técnicas.

Gracias nuevamente por haber descargado este libro, ¡espero que lo disfrutes!

Capítulo 1: ¿Qué es la Meditación?

"Meditar es la experiencia dela naturaleza ilimitada de la mente cuando cesa de ser dominada por su usual charla mental." – David Fontana

La meditación podría parecer un ritual misterioso reservado para personas especiales, pero en realidad es simplemente el acto de controlarla propia conciencia. Viene en varias formas – algunas son de hecho muy exóticas e involucran una colección de creencias y de tradiciones de grupos específicos. Tú podrías suscribirte a un sistema de creencias cuando meditas, pero no es necesario.En el corazón de cualquier práctica meditativa está el control de tu propia mente. Al tener el control de tus propios pensamientos, puedes considerarte a ti mismo una persona que medita.

Controlartu mente significa ser consciente de lo que piensas, evaluandosi es o no útil para ti, fortaleciendo lo que es positivo y soltando lo que es negativo. Esto enriquecerá tu vida de muchas maneras. También te ayudará a romper tus barreras personales.

La gente medita por varias razones – porque es parte de su religión o de su cultura, porque los gurús les enseñaron que hacerlo los liberadel estrés y porque proporciona muchos beneficios. Algunas personas meditan naturalmente sin saber que ya lo están haciendo.

¿Qué hizo que decidieras meditar? Es importante que sepas por qué tienes la intención de meditar, ya que tener una buena razón para ello te ayudará a mantenerlo. Podrías haber escuchado ya los beneficios de la meditación, pero, por el bien de recordártelos en tiempos difíciles, aquí hay una visión general de algunos de ellos.

Beneficios de la Meditación

La meditaciónaumenta tu control sobre los

acontecimientos en tu vida.Tu mentees el lente a través del cual percibes la realidad. Meditarfortalece tu mente, mejora tu habilidad para decidir cómo la realidad te afectará y tu capacidad para hacer frente a la vida. Esto te permite ganar más acceso a tus recursos internos y desprenderte de lo estresante y de otras cosas que te debilitan.

La meditaciónrealzatu autodisciplina, ya que tú incrementas tu fuerza de voluntad y control emocional; por ende, tomas mejores decisiones y acciones. Se te hará más fácil eliminar malos hábitos y mantener compromisos. De hecho, también reduce la dependencia de vicios como el alcohol y los cigarros.

La meditaciónagudiza tu intelecto. Uno de sus beneficios más discutidos es que remueve ilusiones. Esto es cierto, no solo en el sentido metafísico, sino también en el sentido común. Meditar te da una perspectiva más clarapara analizar las cosas más racionalmente.

Con la meditaciónte vuelves más eficiente. Ésta libera tu mente de las distracciones para que pueda funcionar lo mejor posible. Como parte de los efectos, tu enfoque, memoria, creatividad y habilidades multitarea también mejoran. Inclusive construye materia cerebral real, haciéndote más enfocado, estable emocionalmente y menos susceptible a la degeneración mental.

La meditaciónte energiza. Hay técnicas de meditación diseñadas para darte energía, pero, de cualquier forma, meditar impulsa a tu poder personal. Muchos factores ahogan tu fuerza interior, como creencias inútiles, pensamientos obsesivos y emociones desagradables. Meditar corta la unión con estas para que tengas más energía disponible.

La meditación te endurece. Esto no significa que te volverá cruel o despreocupado. Lo que significa es que mejora tu resistencia contra las cosas que solían molestarte. Meditar regularmente profundiza tu entendimiento de lo que sucede en tu mundo interno y con ese entendimiento obtienes la habilidad de permanecer calmado ante situaciones molestas. Te recuperas mejor de los intentos por esta razón.

La meditación te hace más amable. Meditar te permite comprenderte a ti mismo hasta un punto en el que también se te hará más fácil comprender a los demás. Te será posible separarte de tus propios problemas y ver desde la perspectiva de alguien más. Esto debido a que tienes un mayor control sobre tus reacciones y dejas de defenderte de las fallas de otros. Muchas personas han descubierto también a través del meditar que están conectadas a todos y a todo, así que la amabilidad y la tolerancia son inevitables para ellas.

La meditación mejora tu vida social porque tu empatía y tu tolerancia incrementarán. Te relacionarás con otros con mayor facilidad, igualmente cuidarás mejor tus relaciones.

La meditaciónayuda a que te ames a ti mismo.Eres más amable y tolerante contigo mismo a medida que te encuentras más en paz con las cosas. Tu auto-aceptación estimula tu autoestima, por lo que encuentras natural mostrar quién realmente eres.

La meditaciónte da estados de ánimo agradables y te hace relajar. La relajación activa el sistema nervioso parasimpático, el cual conduce a buenos sentimientos. La felicidad es un efecto secundario común de la meditación. Dicho sistema también disminuye tus estados de ánimo negativos. Gradualmente serás menos ansioso, irritable ytriste. Podrías gustarle más a las personas porque es agradable estar contigo.

La meditaciónpuede ser buena para tu salud. Numerosas enfermedades son causadas por el estrés y la tensión. La relajación y la tranquilidad de meditar pueden contrarrestar sus causas y reponer tu bienestar. En particular, pueden reducir dolores, normalizar la presión sanguínea y el ritmo cardíaco, aliviar tensiones musculares, tratar el insomnio, reforzar el sistema inmune, reducir inflamaciones y rejuvenecer células.

La meditaciónpuede hacerte descubrir cosas. Esta amplifica tu atención, por lo que podrías obtener información valiosa que antes no estaba disponible, o no era visible, para ti. De hecho, hay cantidades de relatos de experiencias psíquicas durante la meditación, y una forma de desarrollar habilidades psíquicas es meditar con regularidad.Sin embargo, no debes distraerte con visiones mientras meditas. El punto de este ejercicio es el de mantener tu enfoque en un objetivo por un periodo de tiempo. Podrías simplemente reconocer lo que ves y, luego de que hayas terminado, lidiar con ello.

La meditación te hace mas presente.Esto significa que tú puedes dedicar más de ti a lo que está pasando en el instante –

llevando a un mayordisfrute y eficiencia.

La meditaciónte acerca a lo Divino. Puede proporcionarte experiencias sagradas, como ganar un sentido de propósito y contactar a algo más grande que tú mismo. La meditación profunda es también conocida como una de las maneras a través de las cuales se puede alcanzar la iluminación y la liberación.

Como puedes ver, meditar vale enteramente el esfuerzo y el tiempo que le dediques. Siempre que te sientas atrapado, recuerda por qué decidiste meditar, ajusta algunas cosas para hacerlo más sencillo, e intenta nuevamente. Los próximos capítulos van a enseñarte con exactitud qué necesitas para comenzar a meditar y ser bueno en ello.

Capítulo 2: Componentes Importantes de la Meditación

"La oración perfecta no consiste en muchaspalabras.El recuerdo silencioso y la intención puraelevanel corazón a ese Poder supremo." — AmitRay

Como mencioné en elCapítulo 1, hay muchas formas de meditar, pero, a pesar de sus diferencias, todas ellas apuntan a entrenar la conciencia de una persona de manera que pueda tener mejor control sobre ella. Estos son algunos de los componentes principales de la meditación, que son comunes entre varias técnicas:

Ambiente

Posición

Relajación

Objetivo

Todos estos factores deberían ayudar a una persona a entrar a un estado meditativo. Antes de discutir cada uno de estos a detalle, es útil saber qué es un estado meditativo.

Un estado meditativo es unestado de conciencia caracterizado por los siguientes factores:

Cuerpo - tranquilo, cómodo, relajado, respiración y ritmo cardíaco lento, podría tener una sensación de flotar

Emociones – pacíficas, balanceadas, desprendidas

Mente – inactiva, conciencia relajada, pensamiento claro, observador, enfocado

Comportamiento – pasivo, inactivo, movimientos lentos y deliberados

La meditaciónconduce a un estado meditativo. Tú sabrás si estás o no meditando correctamente si notas en ti mismo las características anteriores.

Ambiente

Puedes meditar en cualquier lugar siempre y cuando puedas desconectarte de las distracciones. Si todavía no estás acostumbrado a hacerlo, es recomendable apartarse a un lugar adecuado para meditar.

Algunas de las característicasde un lugar

para meditar son:
Tranquilo y poco iluminado
Agradable
Cómodo
Seguro
Despejado
Con las cosas que necesitas a fácil acceso
Decorado con objetos/imágenes significativas
Fornido con artículos que te permitan entrar en trance (cristales, mandalas, inciensos, gongs)
Con pocas o ninguna distracción.

Tener un lugar especial para meditar ayudará a preparar tu mente para que puedas alcanzar el estado meditativo con más rapidez y facilidad. Puedes meditar en tu cuarto, librería, iglesia, parque, o donde sea que puedas evitar ser disturbado. Si puedes, coloca un letrero de 'No molestar' fuera del lugar, o solo dile a los demás que eviten interrumpirte mientras meditas.
Posición

Varias técnicas meditativas requieren que

asumas una posición particular. La mayoría de ellas involucran mantener la espina dorsal recta, erguida. Se cree que cuando la espina está derecha, las energías que pasan a través de ella pueden fluir más libremente. Prácticamente, una espalda derecha distribuye el peso equitativamente y disminuye la tensión en los músculos.

Hay prácticas de meditaciónque necesitan que estés quieto, aquellas que necesitan movimientos específicos y aquellas en las que puedes moverte libremente. Como ejemplos, yoga, taichí, y qi-gong chino usan posiciones y movimientos específicos. Tú podrías aprenderlos si deseas, pero, de nuevo, cualquier posición o movimiento funciona mientras que te ayude a concentrar.

Aquí hay algunas posiciones comunes para meditar:

Sentadoen una silla con tu espalda derecha y tus pies apoyados sobre el piso

Sentado en el piso o en un cojín firme idealmente de 4 a 6 pulgadas de grueso

Sentado con las piernas cruzadas
Sentado en posición de loto o medio-loto
Acostado (no recomendadoporquepuede que te quedes dormido)
Acostado de lado con la cabeza apoyada en un brazo

Puedes descansar tus manos en tu regazo o en tus rodillas, presionándolas juntas en posición de rezar;realizar mudras (posiciones de yoga con las manos), osimplemente déjalas libres a los costados.

La posición de loto
Esta es una posición clásica para meditar:
Siéntate en elpiso ytira tu pie izquierdo hacia ti. Déjaloen reposo sobre tu muslo derecho, con la suela hacia arriba.
Levanta tu pie derecho y déjalo en reposo sobre tu muslo izquierdo, con la suela hacia arriba y el talón cerca de tu estómago.
Tus pies deberían tocar el piso
Endereza tu espalda: mueve tus hombros hacia atrás y levanta tu pecho. Deja que tu mentón, o tu barbilla, esté paralelo al piso.

Descansa tu lengua en el techo de tu boca. Relaja tu mandíbula de manera que tus dientes superiores e inferiores se toquen entre sí levemente.

La posición de medio loto

Esta es similar a la pose de loto completa, pero solo una planta del pie apunta hacia arriba, mientras que la otra descansa en el piso. Haz esto si la posición de loto es incómoda para ti.
Relajación

Un cuerpo tenso y una mente problemática hacen que sea difícil concentrarse, por eso muchos ejercicios de meditación incluyen relajación. Meditar significa sostener tu conciencia, así que necesitas sentirte lo suficientemente cómodo para no prestarle atención a lo que es irrelevante para tu meditación.

Recuerda, relajación no significa quedarse dormido. En la meditación, tú necesitas reconocer distracciones y tensiones, y dejarlas ir. Así que debes permanecer consciente de lo que estás haciendo. No obstante, podrías meditar para que duermas con mayor facilidad.

Ejercicio de Relajación Física

Deliberadamente, tensar y soltar músculos causa la sensación de relajación. Podrías también escanear mentalmente tu cuerpo para tensar los músculos y liberarlos.

Aprieta cada muscule de 3 a 10 segundos, luego déjalo descansar.Siente la tensión abandonando el musculo. También puedes dejar que el rol del cuerpo sea más pesado o más liviano, más caliente o más adormecido para amplificar el efecto.

Cuando estás empezando es útil probar con varios grupos musculares secuencialmente para que aprendas cómo detectar y relajar la tensión. Puedes iniciar desde tus pies y progresar hacia arriba hasta tu cabeza y tú cara, o al revés. Igualmente, puedes seguir esta secuencia: piernas, muslos, estomago, espalda baja, hombros, cuello, pecho, boca y mandíbula, ojos, frente y cuero cabelludo.

Cuando te acostumbras a esta relajación progresiva, puedes acelerar el proceso. Relaja tus brazos, piernas, abdomen, pecho y cara. Podrías también relajar tu cuerpo completo en un solo intento.
Relajación Mental

Relajar a tu cuerpo ayudará a calmar tu mente, y viceversa. Los ejercicios de relajación mental están en el capítulo 3.
Ropa

Podrías usar un atuendo especial si eso te ayuda con la mentalidad meditativa, pero cualquier ropa suelta, ligera y cómoda es suficiente.Asegúrate de que lo que usas no te distraiga durante la sesión.

Objetivo de la Meditación

La actividad principal al meditar es enfocar tu atención en un objetivo o actividad singular. Esto te ayuda a deshacerte de contenido de tu mente para que solo quede conciencia pura. Antes de meditar, dite mental o verbalmente que durante esa meditación nada importa.

Podrías dedicarle tu completa atención a:
Un mantra (un canto)
Una palabra
Un sonido
Un objeto
Una llama de vela
Un mandala (Arte simbólica)
Una imagen
Un punto en la pared
Una idea
Una persona entera
Tu respiración o tus latidos del corazón

Ten en mente que enfocarte y reenfocarte es de lo que se trata la meditación. Si perdiste el ritmo, solamente vuelves. Sin críticas necesarias.

Ahora que sabes lo que necesitas para meditar, estás listo para aprender a hacerlo. El capítulo siguiente te enseñará algunas técnicas de meditación comunes que puedes realizar de inmediato.

Capítulo 3: ¿Cómo Meditar?

"Vacía tu mente, séinforme- como elagua. Ahora tu pones el agua en una taza y se amolda a ella, la pones en una botella y tendrá la forma de la botella, la pones en una tetera y tendrá la forma de la tetera. Ahora el agua puede fluir o puede chocar. Sé agua, amigo mío." - Bruce Lee

Para meditar, relájate a ti mismo, enfócate en una cosa y vuelve a ella cuando te distraigas. Puedes meditar tanto tiempo como quieras – incluso por sólo 3 minutos. Para mejorar tus habilidades del meditar, intenta alargar cada sesión gradualmente.

Puede que mantengas o no un historial del tiempo que duras meditando. Si lo decides, estableceuna alarma a bajo volumen para ello de manera que no seas sacudido por el traqueteocuando salgas del trance. Podrías también parar la sesión cuando sientas que es el momento correcto para terminarla.

Hay técnicas de meditación en las que necesitas estar quieto y hay otras en las que hay movimiento involucrado. Estas son algunas de las técnicas:

CultivandoAtención Plena

La atención plena es ser consciente de lo que está sucediendo en cada momento. Deja que tu consciencia funcione lo mejor posible. Date cuenta de lo que está sucediendo en tu cuerpo, mente y ambiente. Simplemente observa sin cavilar sobre ello. No reflexiones sobre el futuro, el pasado o sobre cualquier cosa en lo absoluto.Cuando un pensamiento aparezca en tu cabeza, silenciosamente di: "Unpensamiento" y continua enfocándote. No entierrestu conciencia bajo una pila de pensamientos.

Esto es aplicable durantey fuera de lameditación. Evita constantemente juzgar a las personas, cosas, ideas ysituaciones. No dejes que tus creencias anteriores y experiencias se atraviesen en tu experiencia presente. Intenta percibirla realidadtal cual como es justo ahora en vez de lo que puedes recordar o lo que esperas que sea.

La percepción tiendea ser confinadapor las creencias. Deja que tus pensamientos descansen por un rato para que tu consciencia pueda vagarlibremente. Hacer esto te da una perspectiva fresca, te permite hacer más cosas y te ayuda a liberartedelos patrones mentales.

Sintiendo un Objetivo

Sentirplenamente un objetivopuede mejorar tu consciencia. Eligeun material que te atraiga – una tela, unas cuentas, una piedra, o un objeto de madera. Explora la textura de este objeto. Haz esto durante unos pocos minutos sin analizar o juzgar la experiencia.

Igualmente, puedes hacer esto con tus otros sentidos, como explorar visualmente los tonos y los matices de una flor o escuchar de cerca los tonos y los ritmos del canto de un pájaro. Explora cómo percibes el mundo. Intenta no ignorar nada solo porque es ordinario. Te darás cuenta de que hay mucho a lo que normalmente no le prestas atención, así que intenta usar completamente tu conciencia cada vez que puedas.

Deteniendo y Sintiendo

Establece una alarma o pídele a un amigo que diga 'para' en momentos aleatorios, especialmente cuando estás en medio de un trabajo rutinario. Detén lo que sea que estás haciendo y presta mucha atención a las sensaciones físicas – presión, sentido de equilibrio, texturas y temperaturas.

MeditaciónCaminando

Cuando vayas a caminar, no te pierdas en tus propios pensamientos, mira a tu alrededor. Date cuenta de cómo tu mente intenta alejarte de la experiencia directa a través de la formación de opiniones acerca de lo que te das cuenta. Resiste a este impulso de tu mente hasta que termines la caminata de meditación.

Camina lentamente y con propósito. Sé consciente del movimiento que tus brazos y tus piernas hacen. Presta detallada atención a lo que sucede alrededor de ti sin pensar en ello. Aleja a tu mente de tus preocupaciones. Atiende a la forma en la que respiras y a todas las sensaciones que puedas percibir mientras caminas.

Auto-Comentar

Realiza un comentario mental de lo que estás haciendo en cada momento. Por ejemplo, "Actualmente estoy leyendo este libro." "Ahora estoy tomando un sorbo de agua." "Estoy planeando en este momento qué comeré luego." "Ya estoy volviendo a leer.". Esto ayudará a que determines firmemente tus experiencias en tu mente para que tu enfoque no se escabulla. Después, podrás recordar fácilmente lo que estabas haciendo.

Repaso diario

Antes de dormir, rememora los eventos que pasaron durante el día. Podrías pensar sobre ellos secuencialmente o en cualquier orden que quieras. ¿Hay algún hueco en los eventos del día? ¿Dónde es posible que tu mente haya estado durante esos huecos? Planea cómo puedes evitar estar distraído en el futuro.

Meditación Respirando

Varias tradiciones enlazan respirar con meditar. Controlar tu respiración te permite controlar lo que sientes. Respirando lento ralentizas los latidos de tu corazón y por consiguiente estás más calmado.

Meditarcon la respiración involucra prestarle atención a tus respiros y/o respirar de una cierta manera.Cuando dejas que tu respiración venga desde tu estómago y no desde tu pecho, o torso superior, estás realizando la respiración diafragmática. Esta última puede proveerlea tu cuerpo diez veces más oxigeno que el que le provee la respiración desde el pecho.

Para saber si estás respirando desde tu diafragma, coloca una mano sobre tu pecho y otra sobre tu estómago. La mano que está sobre tu estómago debería moverse más que la mano sobre tu pecho.

Evita tomar grandes respiros, mantén tu respiración natural. Respira con calma y sencillez. Mientras lo haces, podrías fijar tu atención en el punto bajo tu nariz donde puedas sentir aire entrando y saliendo. Concéntrateen respirar – simplemente siente la sensaciones sin hablar en tu cabeza sobre eso.

El control del respiro consiste en inhalar,aguantar la respiraciòny exhalar. Una técnica común de respiración es la respiración dos para uno: esto significa exhalar durante dos veces más tiempo que en el que inhalas.

Toma aire a través de tu nariz lenta y profundamente mientras cuentas 1, 2, 3, 4. Asegúrate de que tu vientre se expande, pero tu pecho no se levanta. Mantén la respiración mientras cuentas en tu cabeza

1, 2, 3, 4. Exhala a través de tu nariz lenta y completamente, y cuenta 1, 2, 3, 4, 5, 6, 7, 8. Aguanta la respiración por otras 4 veces más. Repite esto hasta llegar a 10 veces.

Si sientes que las repeticiones son muchas, puedes reducirlas, pero intenta que, cuando exhales, dures más tiempo que cuando inhales. Cuenta lentamente, pero manténun ritmo que sea cómodo para ti. Continúa con esto por algunos minutos.

Expulsar la respiración lentamente podría reducir la actividad de las células nerviosas de tu cerebro y tranquilizar tu mente.Esto es de utilidad especialmente cuando estás molesto o ansioso. La ansiedad y la rabia implican la respuesta de pelea o escapa; respirar de esta forma revertirá el efecto y te ayudará a ganar de nuevo tu compostura.

Meditación con Latidos del Corazón

Pon tu mano sobre tu corazón o toma tu pulso. Ten conciencia del latido de tu corazón – puedes contar cada uno si deseas. Haz esto durante tres minutos, más o menos.

Usando Objetos

Con una iluminación suave, pero lo suficientemente brillante para que puedas ver, coloca tu objeto o imagen al nivel de tus ojos a una distancia cómoda desde donde estés meditando. Cierra los ojos y entra al estado meditativo. Abre tus ojos y fíjalos sobre tu objeto. Parpadea solo cuando tengas que. Intenta mantener tus ojos tan inmóviles como puedas. Puedes moverlos de una parte de la imagen a otra, o a otras cosas – si lo hacen, vuelve a enfocarlos sobre un punto.

No descifres o evalúes el sujeto – esto solo te despistará. Deja que el objeto sea el enfoquede tu mente. Reconoce que el objeto está tanto en frente de ti como dentro de tu mente. Si estás meditandosobre una imagen significativa, como un mandala, su significado afectará directamente a tu subconsciente. No tienes que reflexionar sobre ello.

Meditación Musical

Puedes meditar con música de fondo, pero esto puede servir como el objeto mismo de la meditación. Si escuchas la música y te rindes ante ella, dejándola llevarte lejos.La clave es aceptar la experiencia en lugar de separarte a ti mismo de ella con una capa de reflexiones profundas.

Resolver Problemas con la Meditación

Puedes trabajar en tu problema durante tu meditación. Nótese que mientras estás en el estado meditativo,tienes más control de tu mente, así que puedes resolver problemas mejor.

Visualizar

La meditación de vez en cuando incluye visualizaciones. Visualizarquiere decir imaginar. Cuando visualizas, enfocas tu mente en crear algo. Puedes visualizartus metas, una imagen significativa, o cualquier cosa en la que consideres valga la pena enfocarte.

Lo que visualizas tendrá un efectoen ti así que escoge tus objetos sabiamente. Por ejemplo, si quieres profundizar tu actividad de relajación mental, puedes crear una escena que te haga sentir sereno, como un atardecer. Si quieres superar algún recuerdo estresante, puedes cambiar cómo participa en tu mente volviéndolo gracioso o aburrido (agrega unabanda sonora, haz que los personajes hagan cosas tontas, velo en blanco y negro).

Las visualizaciones son algunas de las herramientas que puedes utilizar para cambiar tu forma de pensar y de sentir respecto a las cosas. Experimenta con estas y aprenderás cómo puedes cambiar tu mente pensando ciertos pensamientos.
Escribir

Esta actividad puede ser una forma expresiva de meditación. A través de la escritura, puedes soltar tus emociones acumuladas o reprimidas y procesarlas.Puedescomunicarte con quién quieras o con lo que quieras – con una persona querida, con un proyecto, con Dios. Puedes enviarle lo que tengas escrito a un lector, quedártelo para ti mismo, o destruirlo. No necesita ser leído por nadie más para ser efectivo.

Escribe libremente e intenta no editarlo – esto le permitirá a la profundidad de tu mente llegar a la superficie. Usa este tiempo para dejar ir a lo que te está fastidiando. Cuando hayas terminado, lee y absorbe lo que escribiste. Reflexiona sobre ello. Poner tus sentimientos en palabras puede ayudarte a ver las cosas desde una nueva perspectiva.

Lidiar con Sentimientos 'Angustiosos'

Puedes meditar para ayudar a lidiar mejor con los sentimientos. Podrías elegir tus emociones como tu enfoque del cual meditar. Acéptalas como son, no hagas escrutinios ni las cambies. Simplemente sentir las emociones sin agregarles energía (a través de la amplificación de las sensaciones o la pelea contra ellas) ayuda a disiparlas.

Mantente calmado y relajado controlando tu respiración.Dite a ti mismo: "Yo me estoy sintiendo (emoción), pero yo no soy mi (emoción).". Mientras más hagas esto con tus emociones indeseadas, menos poder estas tendrán sobre ti.

Ejercicio de Desapego

La meditaciónpuede hacerte más presente (ver Atención Plena) y también puede ayudarte a tener menos apego. El desapegote ayuda a retomar la claridad y el control.

Si estás atascado con un problema, ten la voluntad de desengancharte de él. Toma el punto de vista de alguien externo e imagina a otra persona en tu situación. Esto te ayuda a ponerte en una nueva perspectiva frente a tu problema, y a evaluar más calmada y racionalmente lo que se necesita hacer.

Cierra tusojos. Piensa sobre la situación

que te molesta. Imagina que está proyectada en una pantalla frente a ti. Observa los eventos en la pantalla, pero reproduce solo lo que realmente sucedió, en vez de lo que tienes miedo de que pueda suceder. Reemplázate a ti mismo por alguien más. Siendo alguien externo, ¿Qué consejos le darías a la persona en la pantalla? Recuérdalo y actúa según tu propio consejo.

Puedes hacerte menos apegado de cualquier cosa cambiando como lo representas en tu mente. Observando el asunto desde el punto de vista de alguien externo, te permites a ti mismo responder diferente.

También puedes trabajar en el problema desde lo más profundo de tu mente. Déjalo ir y enfócate en otra cosa. La resolución podría llegar la próxima vez que medites, cuando tu mente es receptiva.

Motivando el Éxito

Las cosas en las que te enfocas tienen un

efecto en tus acciones, así que concéntrate en algo positivo. Si tienes un problema, imagina viajar hacia adelante en el tiempo al momento en el que ya se resolvió. Experimenta con todos tus sentidos cómo se siente haberlo resuelto. Aférrate a sentimientos positivos y tráelos de vuelta contigo al tiempo presente.

No te quedes atrapado intentando imaginarte como sucederán, solo ten tu propósito en mente. Enfocarte en un resultado positivote hace pensar más claramente y te permite tomar mejores decisiones, las cuales, eventualmente, te llevarán a tu resultado deseado. Puedes enfocarte en diferentes resultados deseados cada día si así lo quieres, lo que importa es que crees una mentalidad que te permita progresar.

Enfocarte en una Idea

Meditar sobre una idea te permite absorberla mejor. Cierra los ojos. Escoge una palabra que represente un estado deseado: claridad, armonía, felicidad, competencia, paz, orelajación. Igualmente puedes crear imágenes mentales para ilustrarlo. Imagina lo que se siente si experimentaras el estado. Cuando lo hagas, mantenlo tanto tiempo como puedas. Abre tus ojos. Cuando necesites entrar a ese estado otra vez, invoca lo que experimentaste durante tu meditación.

Relajación mental

Tu mente puede relajarse si quieres soltar lo que sea que te trae problemas y enfocarte en tu objeto elegido. Aparte de eso, puedes visualizar cosas que te lleven a un trance más profundo.

Como se mencionó en el ejercicioprevio, puedes meditar sobre tu concepto de relajación. También puedes imaginar realizar una acción que simbolice la profundidad de tu nivel de conciencia.

¿Qué movimiento te lleva a un estado mental tranquilo?¿Es este descendiente o ascendiente? ¿Movimientos repetitivos? ¿Flotando? Aquí está un ejercicio que puedes usar o modificar para relajarte más a fondo.

Cierra los ojos. Cuentaen reversa de 100 a 1. Cuando llegues a 1, imaginaque hay una escalera en frente de ti. Ve la escalera a partir de tus propios ojos, y no con los ojos de alguien más. Camínala y dite a ti mismo que estás llegando más y más profundo dentro de tu propia mente a medida que llegas más abajo.

Sino, también puedes entrar en un ascensor. Date cuenta de lo calmado que estás a medida que desciende el número que indica el piso.Cuando llegues a 0, entraa una habitación o a un lugar en el que te sientas absolutamente bien estando.Pasa un rato allí.Cuando estés completamente relajado, puedes enfocarte en tu objeto de meditación elegido o simplemente disfrutardel estado meditativo.

Meditación en Movimiento

Puedes meditar mientras te mueves. Una

de las técnicas es la de coordinar tu respiración con tus movimientos. Inclusive puedes bailar o moverte aleatoriamente con música. Hecho esto, mantente quieto y sé consciente de tu respiración. Este tipo de meditación te libera cada vez que te sientas atascado. También crea una armonía entre tu cuerpo y tu mente.

Puedes meditar mientras construyes, diseñas o decoras algo.puedes dibujar, pintar, escribir o trabajar con diferentes tipos de materiales. Solo asegúrate de concentrarte por completo en lo que sea que decidas hacer.

Ejercicio de Ver Pensamientos

Deja ir a todas las distracciones externas. Cierra tus ojos y préstale atención a tu mundo interno. Tan objetivamente como puedas, observa los pensamientos que pasan por tu conciencia. No los juzgues, aférratea los agradables, o bloquea los desagradables.

Date cuenta de cómo un pensamiento

lleva a otro. Observa lo que tu mente hace para que esta pueda distraerte. También, date cuenta de cómo tu conciencia se pierde en tus pensamientos. Cuando esto pase, tráela de vuelta.

Ejercicio Conociendo al Conocedor

Haz que tu mente se mantenga quieta. Mira los pensamientos que pasan a través de tu conciencia sin interactuar con ellos. Pregúntate: "¿Quién soy yo?" "¿Quién está meditando?" "¿Quién está observando estos pensamientos?".

No esperes una respuesta. Aclaraciones podrían venir a ti, pero no pidas que estas lleguen. La meta no es encontrar una respuesta. El mismo cuestionamiento es el punto del ejercicio.

Si te encuentras a ti mismo respondiendo tus preguntas, cuestiona tus respuestas. Si te respondiste con "El que está meditando soy yo, quien está en este cuerpo," puedes continuar con una pregunta como "¿Cómo sabes que eres tu quien está en tu cuerpo?" y responderle a esa también. Sigue haciendo esto hasta que llegues a una respuesta que ya no puedas refutar más.

Trabajando con Zen Koans

Un Koan es una pregunta paradójica que no se resuelve a través de la lógica, sino viendo cosas desde una perspectiva diferente. Esto te hace usar tu mente de maneras en las que antes no la habías usado. Hay koans comunes circulando como "¿Qué es el sonido de una mano aplaudiendo?", pero un profesor de meditación puede darte un koan único en el cual trabajar.

Esta es una de las técnicas más difíciles de meditación que hay, pero es buena para la mente. Comprométete con tu koan. No lo cambies porque estés teniendo momentos difíciles con él. Estar frustrado es parte de la experiencia.

Aceptar el koan hará más fácil sobrellevarlo, como aceptar emociones problemáticas les hará perder su poder sobre ti. No te preocupes por no poder resolverlo lo suficientemente rápido. Aún si no has llegado a la respuesta, el koan te afectará positivamente si se lo concedes.

Reflexiona enel koan no sólo durante la meditación, sino tan frecuentemente como puedas. Cuando estés listo, discute sobre tu resolución con tu profesor. Si no tienes uno, puedes meditar sobre tu resolución por ti mismo. Aplica lo que hayas aprendido de la paradoja en tu vida cotidiana.

Como puedes ver, hay muchas formas de meditar, y tú puedes crear tu propia rutina. El capítulo final se trata de cómo superar problemas comunes durante la meditación y de cómo sacarle máximo provecho a cada sesión.

Capítulo 4: Solucionar Problemas de Meditación

"La meditación no esuna manera de calmar tu mente. Es una manera de entraren la calmaque ya está allí – enterrada debajo de los 50,000 pensamientosque una persona promedio piensa cada día." – Deepak Chopra

Meditarpuede ser un desafío a veces. Estecapítulote enseñará qué hacer cuando encuentres problemas para que puedas mantener tu rutina.

Encontrar Tiempo para Meditar

Meditar significa invertir tu tiempo. Escoge un método de meditaciónque sea atractivo para ti y aférrate a él. Puedes empezar a meditar de 3 a 5 minutos diarios. Lo importantees que lo hagas con regularidad para que puedas entrenar a tu mente en funcionar bien. Meditar una o dos veces al día la mayoría de los días de la semana es un programa razonable.

Encuentra el tiempo del día que te sea mejor para meditar, más particularmente, un tiempo en el que puedasdedicarle tu atención. Aquí es donde no estás muy ocupado, cansado, o distraído. Meditartan rápido como cuando te despiertas puede ser una buena práctica porque tu mente todavía está relativamentedespejada. Podrías ir primero al baño o tomar un sorbo de agua, pero intenta no comer todavía el desayuno. Unestómago full puede prevenir que meditesbienporque tu energía se dirigirá a la digestión. Sin embargo, no esperes mucho tiempo luego de haberte despertado para que tu cerebro no reciba señales de hambre de tu estómago.

Meditar en lastardespuedereponer tu energía agotaday ponerte más alerta durantela noche. Podrías meditar también en las noches antes de irte a dormir, pero procura hacerlo sentado. Quedarte dormido no cuenta comomeditación.

También puedes meditar

durantemomentos en los que no tengas nada que hacer. Meditar durante el trayecto– esto es mejor quereflexionar sobre nociones inútiles o jugar juegos en tu teléfono. Medita mientras estés de pie esperando a alguien o tomando un descanso. Haz que los periodos de inactividad u ocio sean productivos.

Cuando te estés sintiendo emocional o alborotado, medita. Esto te ayudará a tener una mejor mentalidad. Si no puedes encontrar tiempo para meditar, pregúntate qué tienes que dejar de hacer. Repasa tus actividades diarias – podrías encontrar algunas actividades no productivas. Meditaen vez de hacerlas.

Actitudes útiles para la Meditación

La meditación es mayormente subjetiva, así que a tu mente le importa bastante cómo esta resulta para ti. Desarrollarlas siguientes actitudes reducirá los problemas que se te presentan mientras meditas.

Pasividad

Debes tener la voluntad de rendirte tú mismo ante el procesodemeditación. Si estás al borde, te pondrás tenso y pensarás más de la cuenta. La relajaciónmás profunda ocurrecuando hay pocos, casi ningún pensamiento.

No te fuerces. Solo deja que las cosas pasen como sean y enfócate desde adentro.Hacerlo ralentizará tus pensamientos y tus sensaciones para que ellos no te arrastren más. Te hará contactar a tus pensamientos y sentimientos más profundos, los cuales te llevarán a la iluminación.

No tengas expectativas

Medita por el propósito de la meditacióny no por alguna meta o beneficio.El mero pensamiento de una recompensa puede emocionarte o presionarte, aparte de alejar tu enfoque. No esperar nada de la meditación prevendrá que te decepciones cuando las cosas no salgan como querías. También hace que disfrutes más el proceso entero cuando lo consideras como el fin mismo y no como un significado para un fin.

Perseverancia

La meditación tiene sus retos y, a veces,esto puede hacer que te cuestiones si vale la pena. De cualquier manera, los mejores resultados podrían llegar solo si meditas constantemente. Decide volver a meditar tan pronto como puedas después de desviarte de la actividad, sin importar lo que sientas.entrenarte a ti mismo para hacer esto ayudará, no solo con la meditación, sino también con el desarrollo tu fuerza de voluntad general y tu resiliencia.

Positividad

Sentimientos positivos ayudarán a que los retos de lameditaciónsean llevaderos. Intenta no ser muy crítico o demandante contigo mismo. Cada sesión de meditaciónestá bien mientras que estés meditando de verdad.Cada sesióncontribuirá con tu crecimiento general, independientemente de lo que suceda.

Manejar Distracciones

Meditar requiere que le dediquestu conciencia a tu objetivo de meditación. Evita distraerte aunque la distracción sea agradable o desagradable. Por esta razón deberías reservar tiempo y un lugar donde no te molesten para meditar.Decirles a las demás personas que eviten molestarte durante la sesión también puede ayudar. Sin embargo, lo más importante es que estés comprometido a enfocarte sin importar nada.

Cuando meditas, las distracciones podrían sacarte de tu punto de enfoque. No intentes discutirlas ni removerlas de tu mente. Tampoco intentes recibirlas ni apoyarlas. En lugar de ello, déjalas aparecer y pasar por tu mente. Puedes imaginar que son nubes que viajan a lo largodel cielo – no tienes que hacer nada respecto a ellas. Solo persiste en el meditar. Si persistes, notarás que se irán ellas mismas.

Alternativamente, tú puedes usar una distracción para apoyarte en la meditación. Dite a ti mismo: "Con cada (distracción), seré más y más (tu estado deseado)." Esto podría frustrarte al principio, pero si te aferras a ello, la próxima distracción será menos fastidiosa. Inclusive podrías no notarlo más conscientemente, pero tu subconsciente permanecerá atento de ello para que puedas trabajar en lo que quieras que suceda.

En la meditacióny con todo lo demás, tu enfoque afectaqué tan biente desenvuelves. Cuando te concentras con todo el corazón en tu objetivo deseado, las distracciones pararán de interferir con tu progreso. El único momento en el que estas interrupciones importarán es cuando tú le permitas a tu atención entretenerlas.

No piensesen un error o en algo fastidioso.En vez, concéntrate en recuperarte del error o de la frustracióny seguir adelante. Maneja a las distracciones manejando a tu enfoque.

Ejercicio para Eliminar la Incomodidad y las Distracciones

Durante lameditación, podrías tener conciencia de sensaciones y de pensamientos incómodos. Presta atención a lo activa que es tu mente y a como obliga a tu cuerpoa moverse y a sentirse de una cierta manera. Si experimentas pensamientos o visiones que te distraigan, no te apegues a ellos– pronto se desvanecerán. Si persisten, obsérvalos objetivamente y con desapego. También puedes preguntarte: "¿Quién está experimentando estas cosas en este instante?"

No sigas pensando en un evento estresante. Mientras más lo hagas, más habrás trabajado y más fuerte será su influencia. Retoma el enfoque en lo que necesitas estar enfocado, y su influencia disminuirá.

Si tienes preocupaciones, puedes

escribirlas y lidiar con ellas luego. También puedes decirte: "Yo lidiaré con las cosas cuando sucedan.".Si esperas demasiado viniendo de la meditación, di repetidamente: "Yo no tengo expectativas.".Estas oraciones pueden liberar a tu mente considerablemente.

También puedes imaginar que tus pensamientos, tus recuerdos, tus sentimientos y tus sensaciones que te distraen son hierbajoun jardín. Cuando algo te llame la atención, nómbralo (por ejemplo: recuerdo frustrante, nueva idea, fantasía) y arráncalo de raíz. Haz un compromiso para cuidar el jardín de tu mente identificando a las distracciones y descartándolas.

Nombrar

Una forma de tener conciencia de las cosas sin ser afectado por ellas es nombrarlas. Esto no solo significa nombrarlas como buenas, malas, agradables o desagradables, sino nombrarlas sin juzgar. Una vez que les hayas atribuido un valor, tus emociones participan y distorsionan tu percepción.

Cuando algo te moleste, ponle un nombre. También puedes transformar tus creencias al respecto y crearás los efectos que desees al respecto. Di algo como: "Esto es mi (menciona el problemaaquí). Se irá por su cuenta como usualmente lo hace, yo solo tengo que seguir adelante.". Hablarte a ti mismo de esta manera aumentará tu control sobre tus pensamientos.

Conclusión – Después de Meditar

Aquí hay algunos consejospara sacarle el máximo provecho a lameditación:

No juzgues lameditacióncomo buena o mala, lo que importa es que te involucres en el proceso. No te preocupes demasiado por no estar haciéndolo apropiadamente en tu primera vez. Naturalmente serás mejor mientras más lo hagas.

Aprecia a tus experiencias positivas y acepta a las desagradables. Esto te ayudará a perseverar.Intenta no presumir de tus éxitos porque hacerlo alimentará a tu ego, que es una fuente de apego y de desilusiones. No pares de meditar cuando estés decepcionado o frustrado. Tu mente se acostumbrará a meditar luego de un tiempo, solo continua haciéndolo.

Recuerda lo que fue la experiencia durante la meditación. Intenta recrearla aun cuando no estés meditando. Comienza con mantener la tranquilidad mientras estás involucrado en actividades normales. Cuando estés listo, haz esto en situaciones que te pongan tenso. Eso hará que descubras cómo entrenar a tu mente te beneficia no solo durante la meditación, sino también fuera de ella.

Parte 2

Capítulo 1

Introducción: Historia de Meditación

La práctica de lo que conocemos como meditación empezó hace unos 2.500 años entre los Budistas. La raíz de la palabra Meditación es "sati" que se traduce vagamente como memoria en el lenguaje Brahmánico. Se refiere a los inicios de la práctica adoptada por los Brahmanes donde ellos aclaraban su mente de todas las distracciones y pensamientos laterales antes de iniciar a memorizar un escrito.

Esta práctica fue adoptada por Buda en su búsqueda de la paz interna. En lugar de memorizar textos, el la usaba para conectarse con el alma del mundo durante la meditación.

La mayoría de las nociones modernas sobre la Meditación se deriva del vipassānāvada que habla de meditación (o del satipatthana como se refiere en esos textos) como forma de meditación donde la persona obtiene un sentido de claridad con solo estar consciente de las actividades y cambios a su alrededor.

Sin embargo, esta es una de las interpretaciones más comunes del vipassānāvada. Diferentes escuelas de pensamiento difieren en lo que constituye exactamente la práctica del satipatthana. Hay cerca de siete diferentes adaptaciones del mismo texto.

Sati y upatthana son las palabras raíces para satipatthana. Esto se traduce como 'poner' o 'establecer'. Lo que significa que la persona que practique esta técnica se vuelve más conciente de la presencia de si y de otros objetos en el reino del universo.

Cada escuela de pensamiento del Satipatthana se relaciona a un ancestro común. La raíz antigua del texto se ha derivado en varias formas por diferentes estudiantes, escolares y practicantes. Las escuelas de pensamientos comenzaron a formar y diferir entre si justo después de la muerte de Buda. Probablemente, la versión de Pali Abhidamma Vibhanga es la menos adulterad de todos los textos disponibles en la actualidad. Sin embargo, es mucho más difícil de entender y de implementar. Por lo tanto, la mayoría de los practicantes se inclinan hacia otros textos más simples para que los guíen.

Esta simplicidad surge de los cambios graduales que se produjo a través del tiempo. El aspecto samtha del satiphathanna recibió prioridad mientras que el aspecto vipassana fue se redujo de forma gradual. Este gran cambio es común entre todas las escuelas de pensamiento que evolucionaron el texto con el tiempo. Como resultado esto causo varios desacuerdos en el proceso de interpretación.

Sin embargo, a pesar de las diferencias, la meta y alma básica del satiphatthana se mantiene uniforme a través de todas las escuelas de pensamiento.

La práctica del satiphatthana se abrió camino al Oeste, primero a través de Vivkanada cuyas interpretaciones distintivas y personalizadas del texto fueron muy bien recibidas por la audiencia Occidental. Los lineamientos de la práctica también se volvieron muy accesibles después que la Sociedad de Texto Pali tradujera los Sutras Budistas al Ingles. Sin embargo, fue durante el siglo 19 que el concepto Oriental de meditación se ancló por primera vez en el mundo occidental. Esto fue a través de los trabajos de D. T. Suzuki, que presentó una interpretación práctica que se ajustaba más al estilo de vida Occidental.

El programa para la Reducción de Estrés Basado en la Atención Plena (MBSR por sus siglas en Ingles) fue creado en la Universidad de Massachusetts en 1979 por Jon Zin. El programa estaba dirigido a dar alivio a aquellos que tenían enfermedades terminales. Gracias a la gran respuesta al Programa de Reducción de Estrés Basa en la Atención Plena, ahora se encuentra funcionando conceptos similares al MBSR en varios centros comunitarios como prisiones, escuelas y hospitales.

Estudiando el acercamiento histórico de la meditación y rastreando su evolución a través de varias escuelas de pensamiento, nos ayuda a tener un entendimiento más claro y pronunciado de la práctica. Al referirnos al texto auténtico podemos obtener una idea más productiva, practica y emocional de la tradición de satiphatthana.

Capítulo 2

La conexión entre mente, cuerpo y alma

La investigación y las estadísticas han demostrado que la proporción del crimen se mantiene a la alza. La proporción es más alta en grandes ciudades llenas de vida que en los suburbios que son más tranquilos. Los medios impresos y electrónicos con frecuencia reportan incidentes de crímenes infames que te dejan temblando. No confunda estos crímenes con crímenes cometidos por desesperación. Nosotros vivimos en una parte desarrollada del mundo. Los delincuentes no están cometiendo estas autocracias para alimentar a sus familias. Entonces ¿Qué es exactamente lo que los lleva a este fin? La respuesta a esta pregunta no es tan sencilla. Si tuviera que resumirlo, yo diría que la falta de satisfacción es la raíz de la causa. Conforme la vida avanza y nosotros, como raza humana evolucionamos, el nivel de descontento aumenta de forma consistente. No estamos satisfechos con lo que tenemos. Entre más nos da la vida, más demandamos de ella.

Debido a esta falta de satisfacción hay impulsos violentos subyacentes dentro de nosotros. Algunas veces se salen de control y explotan. Indicios de esto se pueden observar durante temporada de caza, guerras nacionales y lugares de trabajo. Estamos al filo de nuestras ataduras al final del día laboral o después de perder un partido. Nos hemos transformado en animales feroces a la menor provocación. Perdemos nuestras mentes al menor insulto imaginable.
Como sociedad tal vez hemos evolucionado como sociedad, pero aun somos muy similares a los ciudadanos Romanos sedientos de sangre. En la actualidad podríamos analizar sus patrones sociales en libros de psicología y

desaprobar sus comportamientos, pero esencialmente somos muy parecidos a ellos. La única diferencia es que en lugar de buscar el derramamiento de sangre, hemos descubierto modos más sutiles de herir mortalmente a una persona. Con nuestros comentarios sarcásticos y retrocesos, obtenemos los mismos resultados, pero de una manera mucho menos obvia.

Aun persiste la lucha. Solamente han cambiado los detalles de la lucha. Nosotros, los humanos hemos encontrado una sádica satisfacción al criticar a otros. Tratamos al personal de limpieza y a personas que trabajan en posiciones inferiores con una mezcla de repulsión y piedad. Dentro de nuestras esferas de trabajo, hacemos lo mejor para asegurarnos que otro no obtenga una promoción o aumento. Queremos todo solamente para nosotros. En nuestras mentes, el éxito no solo se define por nuestras conquistas, también incluye asegurarnos de que nadie más obtenga lo que nosotros tenemos. Es inquietantemente similar a una lucha a muerte. Convertirse en un buen espadachín no es suficiente. Tienes que asesinar a los demás para probar tu valía.

Una vez que hemos conquistado a lo que nos hemos destinado, inicia otra lucha perpetua. No importa lo que hemos adquirido. Pueden ser notas académicas excelentes o una promoción o un reluciente auto nuevo. Queremos aferrarnos a nuestras posiciones que nos diferencian. Si alguien es un ejecutivo en una firma prestigiosa, el/ella quiere mantener esa posición por siempre. Si es posible, el/ella se lo llevaran a la tumba. Tener algo no es suficiente. Lo tenemos que tener por siempre.

En nuestra obsesión de aferrarnos a cosas materiales, también nos aferramos a nuestros cuerpos como una extensión. Nos inducimos a creer que la cáscara de nuestra alma siempre permanecerá como vitalidad. Sin embargo, la realidad nos golpea en varias formas. Dolor en las articulaciones, arrugas alrededor de los ojos, líneas de sonrisa más profundas. Cuando nos enfrentamos cara a cara con la innegable realidad de naturaleza impermanente de nuestro cuerpo, tomamos todas las medidas posibles para invertir o retrasar el proceso. Solo enciende la televisión y navega entre los comerciales. ¿Qué tienen todos en común? ¡Todos te prometen juventud! El lujoso auto te hará sentir joven nuevamente. Tal máquina de afeitar te dará la rasurada más suave que te hará sentir como un jovenzuelo. La innovadora tecnología de un suero particular desvanecerá líneas y arrugas finas. La lista sigue. La lucha por aferrarte a la juventud continua.

Puedes estar preguntándote, ¿Cuál es el propósito de esta perorata? La respuesta a eso es que, la juventud es un símbolo de nuestro pasado, de nuestra gloria. Somos incapaces de dejar ir el pasado, especialmente si el pasado consistía de cierta cantidad de prestigio. Comparamos lo que teníamos con lo que tenemos y surge el descontento. La falta de dejar ir al pasado es la raíz de toda insatisfacción.

Esta es la razón por la cual necesitas meditar en tu vida. Así puedes dejar ir al pasado y liberarte del ciclo sin fin del deseo y la insatisfacción.

Capítulo 3

Necesidad de Meditación

Puede que pienses que eres feliz y contento con tu vida. Que no hay nada más que puedas desear. Que toda tu vida es exactamente lo que querías que fuera. Si ese es el caso real, entonces te aplaudo. Lograr esta clase de satisfacción en la vida no es una tarea fácil. Para la mayoría de nosotros, existe eso que tenemos que comprar o tal colegio al que debemos ingresar o esa tarea particular que debemos hacer. La vida es una lucha constante de un punto de verificación a otro.

Descansa tu mente (Rest Your Mind)

Vivimos en una época en la obtener demasiados logros se considera una virtud. La gente se enorgullece del hecho de que no tienen tiempo al final del día o que no gozan de tiempo libre para una vacación o relajarse. No puedo señalar el tiempo exacto en que el estrés y la ansiedad se volvieron glamorosas pero se dispersado lentamente como una epidemia. Los estudiantes con frecuencia estudian todo el día esperando obtener las mejores notas, los hombres de negocios profesionales trabajan en horarios extraños para obtener más clientes, los entusiastas desgarran sus cuerpos más allá de sus límites con la esperanza de obtener la figura perfecta. Todo es una carrera de ratas sin fin.

Haz una pausa momentánea y piensa en la meta principal de todo este esfuerzo extraordinario. Nueve de diez veces, se debe al deseo de más dinero y un estilo de vida más lujoso. ¿Aunque para que necesitamos tanto dinero? ¡Para impresionar a otros! Así que al final del día, todo lo que estamos hacienda es que estamos arriesgando nuestra salud física, emocional, y espiritual para ganar una competencia imaginaria entre nosotros.

Suena absurdo ¿no? Cuando lo vemos en

retrospección, reconocemos que toda esta lucha y motivación es en vano. Claro, hay gente cuya lucha es real. Ellos están peleando contra enfermedades mortales o intentando salir de problemas financieros serios, pero para la mayoría de nosotros, la carrera de ratas sin fin en la vida, no es otra cosa que una competencia en la que nosotros nos hemos enlistado.

La estructura consumista y capitalista de nuestra sociedad nos empuja a creer que necesitamos obtener logros materiales para ser realmente felices en la vida. Observa toda la propaganda. ¿Qué dice? ¡Compra esta televisión y experimentaras un grandioso tiempo familiar! ¡Compra esta sartén antiadherente y serás físicamente saludable! ¡Come esto y te dejará con una sensación de euforia! Mira de cerca. ¿Qué intentan hacer? Intentan llenar un vacío en nuestras vida haciéndonos cree que las cosas materiales nos darán la satisfacción que necesitamos. Que todos los problemas espirituales y emocionales de nuestras vidas se solucionaran si solamente deslizamos la tarjeta de crédito y compramos el artículo. *¡Insensato!*

¿Realmente crees que comprar un bolso de un nuevo diseñador glamoroso te hará sentirte mejor acerca de ti mismo? La verdad es que en tu corazón sabes su efecto solo durará poco, pero lo compras de cualquier forma porque así hemos sido condicionados y es el camino más fácil. Es mucho más fácil gastar ese dinero que ponerte en contacto contigo.

Entonces, te puedes estar preguntando ¿cuál es la solución?. La solución es evitar esa loca carrera de ratas para obtener la unidad contigo. Eso solo se puede lograr con meditación. La práctica de la meditación no solo puede mejorar tu concentración hacia el mundo externo, pero puede ayudarte a ponerte en contacto contigo. Cuando estas en unidad y en contacto con tus ángeles y demonios internos, solamente entonces puedes saber que es lo que realmente quieres en tu vida y existencia. La meditación te ayuda a obtener la claridad que requieres para la auto exploración.

No se puede negar que en la mitad de toda la presión social, obtener la unidad a través de la meditación puede ser un camino retador, pero al final del día, es altamente reconfortante ya que te liberará de todas las cadenas del estilo de vida moderno.

Capítulo 4

Metas Personales para Meditar

Tantas cosas de nuestra vida pasan frente a nuestros ojos en un destello porque nuestras entidades están divididas. Si intentas recordar las actividades que realizaste desde el amanecer al anochecer de ayer, las oportunidades son que solamente recuerdes algunas cosas. Parecería que la mayor parte de tu día paso en un ensueño del cual no tienes recuerdos o memoria. ¿Qué tan sorprendente es eso? Sabemos que estuviste haciendo algo durante ese tiempo de niebla, ¿pero porque no lo puedes recordar?

Es debido a que estabas en un estado de división mientras hacías eso. Tu mente estaba en algún lugar diferente al que estaba tu cuerpo. En otras palabras, no tenías control sobre ti. Es como esto la mayor parte del tiempo. Puedes discutir en contra de esto y decir que tuviste control absoluto sobre ti en todo momento. Sin embargo, piensa en ello, si tenías control absoluto sobre tu mente, se dispersaría con pensamientos aleatorios a mitad de ese examen importante. Cuantas veces te ha sucedido que no necesitas sentir ansiedad y tu mente te empuja consistentemente a un estado de pánico. ¿Cuántas veces te has encontrado llorando sin razón? Espero que veas mi punto.

La división de nuestro estado toma control de nuestra mente y cuerpo. De alguna forma, nuestro control se mantiene actuando, pero nuestras mentes divagan fuera de nuestro alcance. Parte de las metas de la meditación es recuperar el control. Vea un niño o animal, por ejemplo. Ella/el/este siempre se mantiene control de su mente. Un niño llora cuando el/ella quiere y se ríe cuando quiere. No hay risas histéricas o llantos sin razón. Todo esta bajo control.

Cuando nuestra mente se va de nuestro control, todavía tiene los asuntos diarios con los que tiene que lidiar. En este momento se va a modo de piloto automático. Tu cerebro empieza a tomar sus propias decisiones, basado en tus experiencias pasadas. Ves un perro e instantáneamente tienes miedo porque de niño te persiguió uno. Tu cuerpo y mente no pausan para registrar el lenguaje corporal de este perro en particular, pero tu mente toma una decisión instantánea por si misma.

Este modo de piloto automático, la perdida del control y la neblina mental es lo que la meditación desea exterminar. Una práctica de meditación te ayudará gradualmente a recuperar tu control mental que has perdido lentamente a lo largo del tiempo.

La verdad es que como humanos no podemos controlar todo lo que sucede en el mundo. No tenemos control sobre el cambio de estaciones o el comportamiento de otros. La única cosa que podemos controlar es nuestra propia mente y lo dejamos ir.

Ahora ¿Qué pasa cuando tienes control completo? Puedes tomar decisiones precisas, calculadas. Cuando tu mente no está en piloto automático y todas tus experiencias pasadas están frente a ti porque has eliminado esa neblina, ahora puedes tomar decisiones que son lo mejora para esta situación. Más control significa que tu mente está más abierta, más funcional y más receptiva. Todos hemos conocido o escuchado de gente que tienen un talento para tomar las mejores decisiones. No se debe a que tienen la suerte de su lado, se debe a que tienen su mente bajo control.

Hay tantos entre nosotros que no se dan cuenta de sus sueños y pasiones debido a sus miedos irracionales que su mente mantiene. Una recuperación de control significa que una persona que previamente ha tenido miedo de las alturas ahora se puede convertir en un piloto exitoso.

La práctica regular de la meditación en tu vida te permitirá controlar tu mente y no al revés.

Capítulo 5

Preparándote para Meditar

Puedes prepararte para la meditación en cualquier estado y momento practicando los siguientes cinco rituales:

1. Respiración

Cuando decides incorporar la meditación en tus actividades, empieza por respirar. El simple hecho de respirar es una acto milagroso. Puede parecer rutinario, pero eso no lo hace menos milagroso. Imagina, que simboliza respirar. Esto simboliza vida y vitalidad. Un hombre/mujer muerto no respire. El simple hecho de respirar en si mismo cubre a toda la vida. Intenta mantener tu respiración forzadamente por algunos minutos y te darás cuenta de la innegable importancia de respirar. Es la inhalación y exhalación del oxigeno lo que te mantiene siguiente, hablando y comiendo. Cuando practicas la respiración, no fuerces su ritmo. Deja que venga naturalmente. No intentes acelerar tu ritmo natural o tomes respiración profunda forzada. Ve con el flujo natural. Sin embargo, tanto como sea posible, intenta respirar a través de tu nariz en lugar de tu boca. Respirar a través de la boca es una práctica no saludable. Cuando has dominado el acto de la respiración simple, estarás listo para moverte al siguiente paso.

2. Concentración

El Segundo ejercicio consiste en enfocar toda tu concentración sobre el acto de respirar. Sigues tu inhalación a través de su curso. Desde la primera inhalación en el aire al punto dond este llena tus pulmones, dale tu atención completa. Siente como cambia tu cuerpo con cada inhalación. Se levantan tus hombros y tu pecho se expande. Todo tu sistema se siente rejuvenecido. Similarmente, cuando exhalas, todos los componentes indeseables dejan tu cuerpo biológicamente dióxido de carbón. De nuevo, tu cuerpo pasa por una serie de cambios físicos. Tu pecho cae y tus hombros se relajan. Sigue el curso de cada exhalación completamente hasta el punto donde sientas la necesidad física de inhalar nuevamente. Pueden existir interrupciones en la forma de pensamientos vagabundos. No caigas presa del anzuelo. En su lugar, enfoca toda tu concentración en este simple acto hasta que todo tu ser consista en solo inhalar y exhalar. De tal forma que toda tu existencia se contenga en ese acto.

3. Conciencia Corporal

Como establecimos anteriormente, que las prácticas Budistas la mente y el cuerpo son uno. Si deseas tener el control absoluto sobre tu mente, debes tener también el control de tu cuerpo. Esto significa estar conciente del estado y limitaciones de tu cuerpo. Nuestros cuerpos son increíbles herramientas multifuncionales. Sin embargo, aun los cuerpos en mejores condiciones tienen limitaciones. La más simple de las limitaciones es que no podemos volar sin importar cuanto intentemos. Cada cuerpo individual puede tener diferentes limitaciones. Tales como, dolores crónicas que limitan movimientos o de flexibilidad restringida. En meditación y sus formas diferentes, nosotros nunca empujamos el cuerpo más allá de sus límites. Esto no es como un ejercicio tradicional donde empujas tu cuerpo al punto de estar exhausto, en su lugar te mantienes en los límites que tu cuerpo impone. El cuerpo se trata como a un templo. En su lugar, moldeamos suavemente el cuerpo paso a paso para no ponerlo bajo tensión. Esto solamente se puede lograr con una conciencia completa del cuerpo en todo momento.

4. Liberando Tensión

Si tomas nota de tu cuerpo ahora mismo, te darás cuenta que estás tensando involuntariamente tus músculos. Un músculo en la pierna, los brazos o aun la cara. En todo momento, tenemos algunos músculos bajo estrés. Esto es solo una manifestación del estrés mental. Una vez que has obtenido conciencia corporal, empieza por relajar tu cuerpo completamente. Empieza con la cara libera la tensión alrededor de los ojos, la frente y la boca. Después muévete hacía abajo y relaja concientemente el cuello y los hombros. Estas son las partes del cuerpo que están más tensas en el estilo de vida actual. Relajar tus hombros no significa dejarlos caer. Es importante mantener una buena postura, pero se refiere a liberar la tensión de los músculos tensos. Después extiendo a los brazos y relaja los dedos para que se curven de manera natural hacia adentro. Sigue liberando tensión del torso, las piernas y finalmente los dedos. Descubrirás que liberando el estrés físico, también se libera estrés mental.

5. Coordinando movimientos corporales

Aquí es donde la práctica del yoga avanzado entra en juego. La respiración se empata al movimiento fluido del cuerpo. Esto se hace de tal forma que el balance perfecto entre los movimientos corporales y la respiración se logran. Las poses del cuerpo se cambian con cada inhalación y exhalación. Esta clase específica de práctica se llama Yoga Vinyasa y es una práctica de ritmo rápido que rivaliza en algunas formas con el ejercicio tradicional. Sin embargo, no es indispensable llegar a la Yoga Vinyasa para este paso. También lo puedes lograr con solo ligar tu respiración con el ritmo de tus pies conforme caminas. Levanta tu pie e inhala y colócalo un paso adelante con la exhalación. Te sentirás infinitamente más en control cuando tu mente y cuerpo trabajen juntos en armonía.

Capítulo 6

Obstáculos Comunes en Meditación

Antes de que empecemos a hablar sobre obstáculos, es importante aclarar el significado del término "presente" en el contexto de meditación. De acuerdo al lenguaje general, presente es un momento que es ahora mismo. Mientras estas sentado aquí, hay varias cosas que pueden suceder de fondo. Alguien puede estar viendo televisión. Si la televisión muestra un programa en vivo, las acciones en la TV están sucediendo ahora mismo. Todo esto esta sucediendo en el presente, no está pasando en "tu presente".

Esto puede sonar confuso. Dejamos explicartelo. De acuerdo al vipassanāvāda, tu presente envuelve solamente las cosas que tu estas experimentando directamente. Si tu estuvieras viendo ese programa y tus sentidos estuvieron respondiendo al contenido del programa en la pantalla, entonces será parte de tu presente. Sin embargo, ya que este no es el caso, no es tu presente. Esto es solo una distracción. Miles de cosas están sucediendo alrededor del mundo, en este preciso momento. Bebes están naciendo, gente está muriendo, alguien puede estar cocinado, alguien más puede estar comiendo y más. Sin embargo, ninguna de estas cosas son parte de tu realidad. En el contexto de meditación, el presente es solamente un estado del cual tu eres parte.

La distracción resulta cuando la mente se desvía de tu realidad personal hacia otros hechos. Puede ser el sonido de la televisión en el fono o la música tocando en algún lugar lejano. También puede ser el anzuelo de los medios sociales o los mensajes de texto en tu teléfono móvil.

Para evitar la distracción, la primer y más importante cosa que necesitas hacer es fijar fronteras de tu presente. Por ejemplo, si estas trabajando en una tarea para la escuela o el trabajo, al momento de tu presente constituye el material requerido para esa tarea y los pensamientos y memorias relativas a esa tarea. Todas las otras cosas que se apilan alrededor y dentro de ti no son parte de tu presente en ese momento.

La práctica exitosa de la meditación puede ayudarte en separarte de tu presente frente al desorden asociado. Esto requiere conciencia y concentración propia. Al concentrarte activamente puedes llevar a la superficie, desde las profundidades de tu memoria las memorias, las ideas y pensamientos asociados con esa tarea particular. Te has preguntado porque en un examen un lote de hechos e ideas te vienen durante tu escritura. Tú lees una pregunta pero la respuesta no aparece en tu mente. Sin embargo, en cuanto empiezas a juntar tus pensamientos y empiezas a escribir, empiezas a recordar lentamente todo lo que has aprendido y memorizado. Las clases a las que pudiste haber asistido empiezan a reproducirse en tu mente. Este es un ejemplo simple de meditación. Cuando enfocas toda tu atención hacia aquella pregunta, le dictas a tu mente que esta pregunta particular es tu presente ahora. Nuestras mentes se conectan naturalmente a vivir en el presente. Una vez que tu cerebro tiene la señal empieza a recolectar y traer a la superficie todo el material asociado con esa realidad.

Esta clase de meditación se puede cambiar y permitirnos claridad en nuestras mentes. Esto es lo que la meditación en un término específico o palabra obtiene. Esto es porque los hombres religiosos (y mujeres) dicen que se siente más cerca de Dios (que puede ser llamado el alma del universo) durante la meditación. Cuando enfocas activamente toda tu concentración hacia un aspecto especifico de ti mismo, tu mundo lleva a la superficie todas las emociones y pensamientos asociados a esto. De esta forma te das cuenta de cosas que están presentes en tu mente subconsciente.

Pregunta a cualquier estudiante y el/ella te dirá que el flujo constante de distracciones externas e internas es la única cosa que se interpone entre ellos y el éxito del examen. Los estudiantes o cualquier otro individuo pueden usar estas simples prácticas de meditación para enfocar su atención a la tarea particular. La práctica más simple para protegerse de las distracciones envuelve la conciencia y concentración. El primer paso es estar conciente de todas las cosas que no deben ser parte del presente que rodea tu tarea. También el estar conciente de lo que pasa de forma externa o de los pensamientos internos causan las distracciones más grandes en atención para ti. Eso solo se puede obtener observándote a ti mismo. El Segundo paso envuelve la concentración activa para enfocar toda la atención y sentidos hacia tu presente que has decidido. Si has estado practicando la meditación en general, el segundo paso será considerablemente más fácil.

Capítulo 7

Posturas de Medición

Aun cuando puedes meditar en cualquier posición en cualquier momento, la meditación concentrada requiere de unas posturas específicas. Tú puedes elegir una postura que puedas mantener cómodamente por al menos diez a quince minutos.

La postura perfecta para cada uno es diferente. Por lo tanto, he compilado una lista de algunas posturas comunes que son usados ampliamente alrededor del mundo.

1. Sentado en una Silla

Esta es la postura más simple y es apropiado para la mayoría de las personas ya que hay soporte para la espalda. Debido a esto, aun los ancianos se pueden sentar fácilmente en esta postura. Todo lo que necesitas hacer es tomar una silla de madera sencilla con el respaldo recto. Siéntate en ella con las piernas cerradas y las rodillas alineadas con los tobillos. Idealmente las rodillas deben estar por debajo de las nalgas para elevarlas.

2. Seiza

Esta postura también se conoce como arrodillarse y require soporte de las rodillas y flexibilidad en los isquiotibiales. Siéntate en el piso o sobre un cojín y dobla tus piernas debajo de ti de tal forma que los pies señalen hacia fuera y toquen las nalgas. También puedes colocar una toalla doblada o un cojín pequeño entre los pies y las nalgas para comodidad agregada. Alternativamente hay una banca seiza. Esta postura es cómoda y calculada. Meditar en esta posición ayuda a mejorar la concentración y mantener la disciplina.

3. Estilo Birmano

Esta posición también es una postura de yoga y es genial para principiantes. Necesitas sentarte en el suelo con tus piernas tocando el piso. Ambas pantorrillas y piernas deben estar alineadas horizontalmente con el piso y la espalda se debe mantener recta. Al igual que con la posición de la silla, las nalgas deben estar idealmente sobre las rodillas. Un cojín se puede usar para ayudar en ello.

Esta posición es grandiosa para ejercicios de respiración de principiantes. Ya que el cuerpo no está en una posición incomoda, puedes enfocarte realmente en la ida y venida del aliento en contra de preocuparte de la incomodidad en tus tobillos o cualquier otra parte de tu cuerpo.

4. Medio Loto

Esta posición es muy similar al estilo Birmano, pero a diferencia de tener a ambos pies en la tierra, un pie descansa sobre el muslo de la otra pierna. El otro pie va bajo el muslo del pie opuesto. Esta posición es asimétrica y por lo tanto requiere de un balance superior. Enfocarse en mantener el balance puede ser una práctica meditativa por si misma. Para comodidad, puedes alterna la posición de los pies conforme pasa el tiempo.

5. Loto Completo

Nuevamente es bastante similar al estilo Birmano, pero ahora ambos pies descansan en el muslo opuesto. Hay mucha presión en los isquiotibiales, por lo tanto solo se debe intentar si te puedes sentar cómodamente por periodos prolongados. Puedes necesitar incrementar tu flexibilidad y estirar tus músculos antes de articular exitosamente esta posición. De ora forma, hay una gran riesgo de lastimarte las rodillas.

La posición de Loto Completo es la posición más estable, por lo tanto ayuda a enfocar la mente y concentración.

6. Acostado

Esta postura es perfecta para aquellos con Dolores de espalda o problemas similares. Simplemente acuéstate sobre una superficie plana. El suelo es lo mejor. No te recuestes sobre colchones que mantienen tu espalda recta. Dobla tus rodillas y mantenlas alrededor de la distancia de la cadera. Dobla tus manos sobre el estómago.

Esta posición es muy fácil, pero la mayor desventaja es que algunas personas empiezan a sentirse soñoliento durante la meditación. Si puedes evitar caer en la trampa de dormir, entonces es realmente una buena postura para principiantes y ancianos.

Capítulo 8

Elementos y Tipos de Meditación

La meditación es un mundo pequeño pero esconde un vasto y diverso significado. Ahí existen varias escuelas diferentes de pensamientos y meditación. Todas estas escuelas de pensamiento que abogan por diferentes tipos de meditación. Aun cuando difieren en detalles, la meta final es lo mismo para unificar la mente y el cuerpo.

A continuación una lista de algunos tipos diferentes de meditación. Puedes elegir cualquiera que te acomode, mientras te sientas a gusto con ella. También puedes mezclar, empatar y barajar, de acuerdo a tus necesidades particulares.

Listed below are some types of meditation. You can choose any that suits you, as long as you are comfortable in it. You can also mix, match and shuffle, according to your particular needs.

1. Atención Enfocada

Este es el tipo más común y extendido. De hecho, es tan popular que algunas personas tienen una idea errada de que es el único tipo de meditación. Lo que haces es elegir un objeto o parte de tu cuerpo y después enfocas toda tu atención en eso. Tan pronto como la atención empieza a desviarse, se jala nuevamente al objeto. El objeto puede ser cualquier cosa común o especial. Algunas personas creen que meditar en objetos específico, especialmente piedras, inspiran cierto tipo de resultados. La meditación de atención enfocada mejora la concentración. Cuando te acostumbres a la idea de enfocarte en un objeto singular, se vuelve más fácil a mantener tu enfoque en tus estudios o cualquier otro trabajo a mano.

2. Monitoreo Abierto

Este tipo de meditación es ligeramente más avanzada. En lugar de enfocarte en algún objeto, los sentidos y la mente se mantienen abiertos para tomar todo en el ambiente. Aun cuando te das cuenta y registras todo a tu alrededor, no reaccionas a ello o pasas juicios sobre esto. Por ejemplo, si hay música de fondo, no juzgas la música o respondes a ello. Solo lo tratas como una presencia. El monitoreo abierto también significa poner atención a los detalles. En la vida normal, olvidamos fijarnos en los detalles de muchas cosas. Este no es el caso en el monitoreo abierto. Estas presente en el ambiente, pero te enseñas a ti mismo para volverte indiferente a ello. El monitoreo abierto es útil en controlar los estímulos basados en reacciones negativas como estrés, ansiedad y tensión. Los practicantes aprenden a separar los eventos de sus reacciones. Los eventos no están bajo tu control pero tu reacción a ellos si lo esta.

3. Prescencia sin Esfuerzo

Alan Cohen dijo una vez "Si no puedes meditar en un cuarto de caldera, no puedes meditar en lo absolute" Esta cita, básicamente resume la esencia de la presencia sin esfuerzo. La mayoría de nosotros tiene una noción preconcebida de que necesitamos un lugar segregado para sentarnos y meditar. Mientras este acercamiento es grandioso para principiantes, no lo es todo ni el final.

La meditación es sinónimo de estar en control de tus pensamientos y reacciones en todo momento. La presencia sin esfuerzo es solo eso. Te expones a varios estímulos placenteros y desagradables, y después intentar en control. No necesitas un espacio de práctica o una hora específica para hacer esto. Puedes practicar la presencia sin esfuerzo todos los días, en todo momento. Al trabajo, en la escuelas, mientras estas atorado en el tráfico y en casa.

No mentiré diciendo que esto es fácil. Mantenerte bajo control es tal vez la cosa más difícil del mundo, pero con la ayuda de otros dos tipos y la determinación constante, ¡llegarás lentamente!

Capítulo 9

Dándote Cuenta de los Beneficios de la Meditación

La meditación no es un dogma que noshan empujado por la garganta. Es una técnica intentada y probada que ha sido practicado en el Este por siglos. No es una tendencia. Es definitivamente una moda cultural. No es una onda pasajera. La meditación ha estado alrededor por siglos y ha madurado su tiempo de prueba. Solo ha sido posible debido a la meditación trae cambios tan positivos en la vida que no son posibles de otra forma.

1. Logra el Éxito Mundano

Para mucha gente, el éxito mundano se obstaculiza por la falta de concentración. El estrés entre profesionales, las distracciones en la vida estudiantil y la desmotivación de las personas que se quedan en casa pueden obstaculizar la velocidad del progreso de la familia entera y de la nación. Con la ayuda de la meditación correctamente guiada, se puede mejorar la concentración la que en cambio mejorará las oportunidades de éxito en el examen y la profesión. Una observación en conciencia, también puede brindarte una visión clara de lo que realmente persigues en tu vida.

2. Evita la Negatividad en la Vida

Mucha negatividad fluye desde emociones y sentimientos negativos como los celos, discriminación, avaricia, envidia y culpa. Todas estas emociones negativas terminan por levantar las manos porque no podemos ejercitar el control sobre nuestra mente. ¿Cuantas veces ha pasado que sentimos una emoción negativa que sabemos que esta errada, pero no somos capaces de deshacernos de ella? Sucede que como permitimos a nuestra mente controlarnos y nuestras reacciones. Si practicamos meditación, nos puede ayudar a mantener a raya las emociones negativas y por lo tanto nos permite convertirnos en mejores personas.

3. Reduce el Estrés

La meditación active ha demostrado científicamente que reduce el estrés y sus efectos negativos. El Centro Médico de la Universidad de Massachusetts presentó el Programa de Reducción de Estrés Basado en la Atención Plena en 1979. El programa fue iniciado por Jon Kabat-Zinn. Es un programa de ocho semanas que ayuda a los pacientes crónicos para estar en Atención plena de las actividades y respuestas de sus cuerpos. Este combina la meditación con yoga para de hecho reparar y curar el cuerpo. El grupo se reúne una vez a la semana para practicar varias poses específicas de yoga con una concentración dirigida a las respuestas del cuerpo con cada movimiento fluido.

Desde su inauguración en 1979, el Programa de Reducción de Estrés Basado en la Atención Plena ha mostrado gran progreso y promesas. Varios pacientes crónicos han seguido el programa de cerca y han moldeado sus vidas a ser más concientes han mostrado grandes progresos. El programa guía pacientes y estudiantes en como manejar con las emociones y reacciones negativas.

Since its inauguration in 1979, Mindfulness Based Stress Reduction Program has shown great promise and progress. Many chronic patients who have followed the program closely and have moulded their lives to be more mindful have shown great progress. The program guides patients and students on how to deal with negative emotions and reactions.

4. Aliviar la Inquietud

El flujo constante de pensamientos en nuestras mentes nos mantiene en el borde de nuestros asientos respectivos. Ni tan solo por un solo momento somos capaces de disfrutar o apreciar lo que tenemos. Aun cuando estamos presentes físicamente en algún lugar, nosotros deseamos estar en algún otro lugar.

Aun cuando estamos en una postura (física o figurativamente) donde esperamos estar, estamos mentalmente en algún otro lugar. Podemos haber planeado una vacación a las Cataratas del Niágara, ahorrado el dinero para ello y soportado los dolores del viaje para llegar ahí. Ya que estamos ahí, nos absorbemos tomando fotos para ponerlas en foro de medios sociales. Estamos haciendo una lista de cosas, les decimos a nuestros amigos cuando regresamos. No estamos disfrutando la belleza escénica. No estamos en el momento. Aun por el momento que tan meticulosamente esperamos alcanzar.

La mediación quiere romper este hábito de inquietud regresándonos al presente. La meditación a cierto nivel significa estar completamente envuelto con toda tu mente, cuerpo y alma en el momento presente. Solamente liberamos nuestras mentes de la agitación constante, nos podemos aliviar de la inquietud.

5. Libera el Dolor Físico

Cualquiera que sufre de dolor crónico se puede relacionar al hecho de que el dolor limita drásticamente las opciones en tu vida. Debes planear tus actividades de acuerdo a la naturaleza y severidad del dolor que sufres. Las medicinas son curas temporales ya que no hay tratamiento disponible. Encima de eso hay una incertidumbre constante de cuando puedes sufrir ese dolor. La meditación puede ayudarte a recuperar el control de tu vida en la que el dolor crónico te lo ha quitado. Te puede liberar de ese sentimiento de impotencia en el cual ya no puedes hacer lo que te place.

Capítulo 10

Haciendo de la Meditación una Práctica Diaria

Una idea errada que existe en la mente de varios occidentales es que necesitas tener una posición especial o una postura determinada para practicar meditación. Cuando pedimos que imaginen la meditación, la mayoría de las personas forman una imagen mental que incluyen a un hombre viejo sentado sobre el piso con los ojos cerrado o mirando a la nada. Aun cuando esa es una forma de meditación, no es la única.

Te puedes sorprende de escuchar que puedes practicar la meditación en cualquier lugar que quieras. Ya sea en el trabajo, la escuela o durante las tareas diarias. La meditación es el nombre dado a un estado mental y no una postura física. Mantener tu cuerpo en una posición física apropiada te ayuda a mantener una mente enfocada, pero no es absolutamente necesaria.

Una forma certificada de practicar la meditación en tu vida diaria es concentrar todo tu foco corporal y energía mental hacía la tarea en mano. Con frecuencia, cuando estamos caminando o paseando por un parque, no estamos conectados con los eventos alrededor de nosotros. Estamos absortos en nuestros propios pensamientos y planes que tendemos a ignorar todo lo que sucede a nuestro alrededor. El viento soplando sobre nuestro cabello, el crujir de las hojas bajo nuestros pies, el rayo dorado en nuestras caras; somos inconcientes de toda la belleza a nuestro alrededor. Comúnmente pensamos que cuando llegas a casa después de un paseo alrededor de la cuadra, no puedes recordar todos los detalles de tu paseo. Como máximo puedes señalar algunos puntos de referencia u ocurrencias inusuales que sucedieron. El resto tiendes a ignorarlo por ser muy mundano.

Esto sucede porque tu cuerpo y mente están divididos. Mientras estas físicamente caminando por el sendero, tus sentidos no están concientes de cosas que pasan a tu alrededor porque tu mente está en otro lugar. Puedes estar planeando tu siguiente cena o lo que vas a usar en la próxima fiesta. De cualquier forma te has dividido.

Debido a esta división toda tu energía no está enfocada en un ponto. Esta es la razón por la que la mayoría de nosotros no somos capaces de desempeñarnos adecuadamente las tareas de la vida. Ya sean los exámenes, una tarea o una presentación en el trabajo, con frecuencia sentimos que no hemos hecho lo mejor de lo que somos capaces. Esto se debe durante la preparación y aun durante la tarea, nuestros estados están divididos. ¿Cómo puede una persona dividida dar un resultado eficiente?

Puedes empezar a incorporar la meditación en tu vida diaria manteniéndote en un estado unificado aun durante las tareas más simples de las tareas diarias. Toma el ejemplo mencionado anteriormente de pasear por el parque e incorpora la meditación en ello. En lugar de estar perdido en tus pensamientos, fuérzate a llevar tu atención mental a la tarea a mano. Con todos tus sentidos, enfócate en el acto de caminar. No pienses en la maravilla de cómo algunas personas pueden caminar. No te enganches tu mente en pensamientos que no estén relacionados al momento. En su lugar, intenta deshacer todos los pensamientos externos y enfócate en las sensaciones de tu cuerpo conforme el viento sopla a través de tu cabello o como cuando pones el pie en el suelo.

Será difícil al inicio ya que todas las distracciones inundarán tu mente. Sin embargo, si te pones en el esfuerzo y mantiene tu mente clara de todos los pensamientos innecesarios, empezaras a sentir el sentido de infinito y un leve mareo.

Esto pasará porque conforme unificas tu propio ser, empiezas a unificarte con todo el universo. Mencione anteriormente que todo está conectado. Así que cuando te deshaces de la división dentro de tu propio ser, formas una conexión con el universo que te da una sensación de regocijo.

Lentamente, puedes empezar a usar la meditación en todas tus tareas diarias. Mientras estudias, mientras trabajas y aun mientras realizas las tares diarias de casas. Cosas que parezcan aburridas y cansadas dejaran parecerlo. Esto se debe al concepto de aburrimiento y cansancio como resultado de nuestro modo de piloto automático. Nuestro cerebro se conecta automáticamente con los sentimientos negativos. Cuando practicas meditación, no hay un criterio de alimentación previa. Estas eliminando el modo de piloto automático, por lo tanto no necesitas las emociones negativas.

Ya que incorporas la meditación de tus actividades diarias y mundanas, en el estado mental no natural de la división mental y física y se marchitará que emergerá como un tu mucho mejor y más feliz.

Conclusión

En algún nivel profundo, todos luchamos por la feliz incondicional. Corremos tras cosas, creyendo que eso nos dará felicidad. El nuevo televisor, ese tono particular de lápiz labial, la membresía del club de golf. Trabajamos demasiado intentando obtener y alcanzar algo en particular. Cuando no lo poseemos, sentimos una felicidad momentánea, una sensación de euforia. Sin embargo esa felicidad dura poco. Muy pronto la novedad de esa cosa se desvanece y el estancado estado de infelicidad regrese. Para afrontarlo, empezamos a perseguir otro milagro, otro sueño falso que nos promete felicidad. Nos atoramos en este ciclo de casar felicidad. Olvidamos nuestro deseo innato de ser mejor que nuestro yo anterior.

Caminar el sendero de la meditación puede llevar a un fin de este ciclo de perseguir la felicidad. Una vez que abrimos nuestras mentes y almas, permitimos que la felicidad real venga a nosotros en lugar de perseguirla por la calle. Nos dejamos abiertos y vulnerable a nuevas y excitantes sensaciones y experiencias. Solo por experimentar e intentar algo nuevo intentamos empujar nuestras fronteras. Es empujando nuestras fronteras que encontramos un camino bien iluminado, pero un camino poco transitado que nos puede permitir evolucionar, para cambiar y ser mejores que nosotros mismos.

No es un camino simple o sencillo. Como todos los caminos, viene con sus retos y sus propias dificultades. Sin embargo, si eliges caminarlo, puede convertirte en una mejor persona en el proceso. Recuerda que este camino no tiene fin. Esto no es exactamente un viaje porque todo viaje tiene un destino. Esto tampoco es vagar, ya que vagar no tiene propósito. Esto es algo entre eso, donde el viaje en si es el resultado.

Cuando decides tomar este viaje en el camino de la meditación, gradualmente te darás cuenta del control de tu vida regresa a ti. Te encontrarás gradualmente siendo menos esclavo de los factores externos e internos. Conforme recuperas el control de tu vida, ahora puedes decir que es lo que quieres hacer con eso. Ya que tú y solo tú tienen el control de tu vida, la puedes moldear a cualquier forma que tú deseas. Puedes cambiar tu vida en una historia que tú deseas. Ahora eres tu propio maestro. Con este sentido de control y la nueva habilidad que has encontrado para moldear tu vida en cualquier forma que tu desees, encontrarás un nuevo sentimiento exaltado de logro. Esta clase de logro no es nulo ni vacío. En su lugar, te lleva a tu realización. El tipo de realización que te llevará a detener la constante batalla entre tu mente, cuerpo y alma. Dejarás de ser varias piezas mezcladas en una entidad. Encontrarás que tu existencia completa está completa, unificada y sin interrupción. Como humanos, tenemos la tendencia natural de ser completos y unificados. Es la forma en la que el mundo nos divide en varias piezas diferentes. Cuando regresas a ese estado de unidad natural, encontrarás que de ahí en adelante puedes iniciar el proceso de progreso. No puedes revolucionar el mundo sin silenciar primero tus demonios internos.

La meditación como filosofía no dice que es la última medicina milagrosa que resolverá todos tus problemas de vida. La única cosa que dice y que puede entregar es que recorrer el camino de la meditación te dará el coraje e iluminación para enfrentar sus problemas con una nueva fuerza.

La meditación no te enseñara alguna forma mágica de "tratar" con la vida. La vida no se supone que sea algo con lo que tienes que tratar. Se supone que debe ser vivida y disfrutada. La meditación te guía para vivir la vida al máximo.

www.ingramcontent.com/pod-product-compliance
Lightning Source LLC
Chambersburg PA
CBHW071859070526
44583CB00016B/1767